AF222034

Impressum
Verlag: BABADADA GmbH, Nedderfeld 112 , 22529 Hamburg
Geschäftsführer / Verlagsleitung: Harald Hof
Druck: Books on Demand GmbH, In de Tarpen 42, 22848 Norderstedt

Imprint
Publisher: BABADADA GmbH, Nedderfeld 112 , 22529 Hamburg, Germany
Managing Director / Publishing direction: Harald Hof
Print: Books on Demand GmbH, In de Tarpen 42, 22848 Norderstedt

diviser
a împărți

186/2

tableau noir
tablă

salle de classe
sală de clasă

cour (de récréation)
curte a școlii

professeur
profesor

papier
hârtie

écrire
a scrie

stylo
instrument de scris

au
masă de birou

règle
riglă

livre
carte

élève
elev

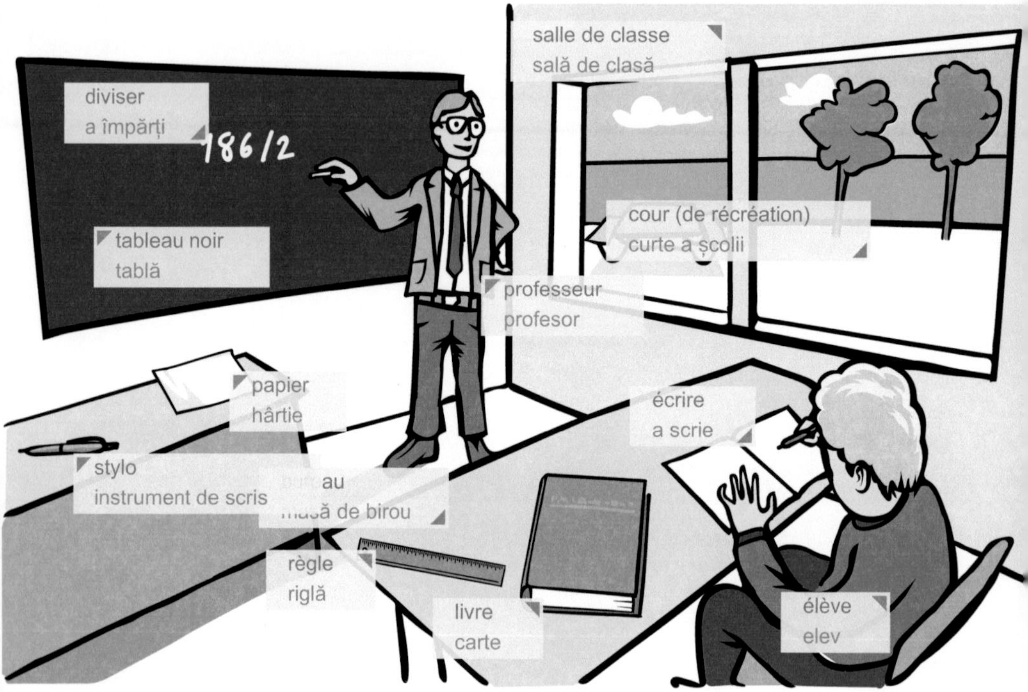

cartable

ghiozdan

trousse

penar

crayon

creion

taille-crayon

ascuțitoare

gomme

radieră

carnet à dessin

bloc de desen

dessin

desen

pinceau

pensulă

boîte de peinture

cutie de acuarele

ciseaux

foarfece

colle

lipici

cahier d'exercices

caiet de exerciții

devoirs

temă

12

chiffre

număr

2+2

additionner

a aduna

5-2

soustraire

a scădea

2×2

multiplier

a multiplica

calculer

a calcula

A

lettre

literă

ABCDEFG HIJKLMN OPQRSTU VWXYZ

alphabet

alfabet

hello

mot

cuvânt

texte

text

lire

a citi

craie

cretă

leçon

oră

livre de classe

catalog

examen

examen

certificat

certificat

uniforme scolaire

uniformă școlară

formation

educație

lexique

enciclopedie

université

universitate

microscope

microscop

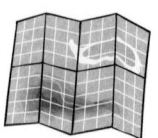

carte

hartă

corbeille à papier

coș de gunoi

voyage
călătorie

hôtel
hotel
Grand
auberge
hostel
ROOMS
bureau de change
casă de schimb valutar
CHANGE
valise
valiză
voiture
autovehicul

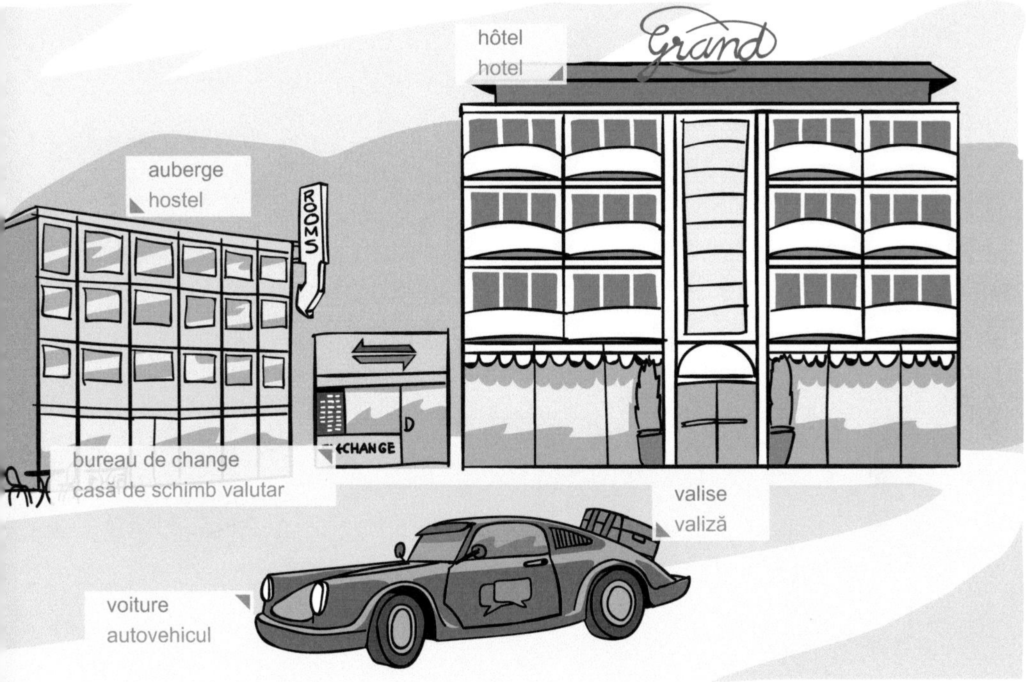

langue

limbă

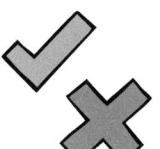

oui / non

da/nu

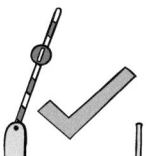

d'accord

okay

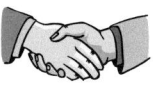

Salut

Bună!

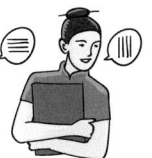

interprète

interpret

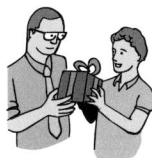

merci

mulțumesc

Combien coûte...?

Cât costă...?

Je ne comprends pas

Nu înțeleg

problème

problemă

Bonsoir !

Bună seara!

Bonjour !

Bună dimineața!

Bonne nuit !

Noapte bună!

Au revoir

la revedere

direction

direcție

bagages

bagaj

sac

geantă

sac-à-dos

rucsac

hôte

oaspete

pièce

cameră

sac de couchage

sac de dormit

tente

cort

office de tourisme

ounct de informare turistică

plage

plajă

carte de crédit

carte de credit

petit-déjeuner

mic dejun

déjeuner

masa de prânz

dîner

cină

billet

bilet de călătorie

ascenseur

lift

timbre

timbru poștal

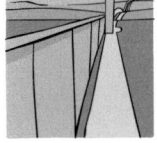

frontière

graniță

douane

vamă

ambassade

ambasadă

visa

viză

passeport

pașaport

transport
transport

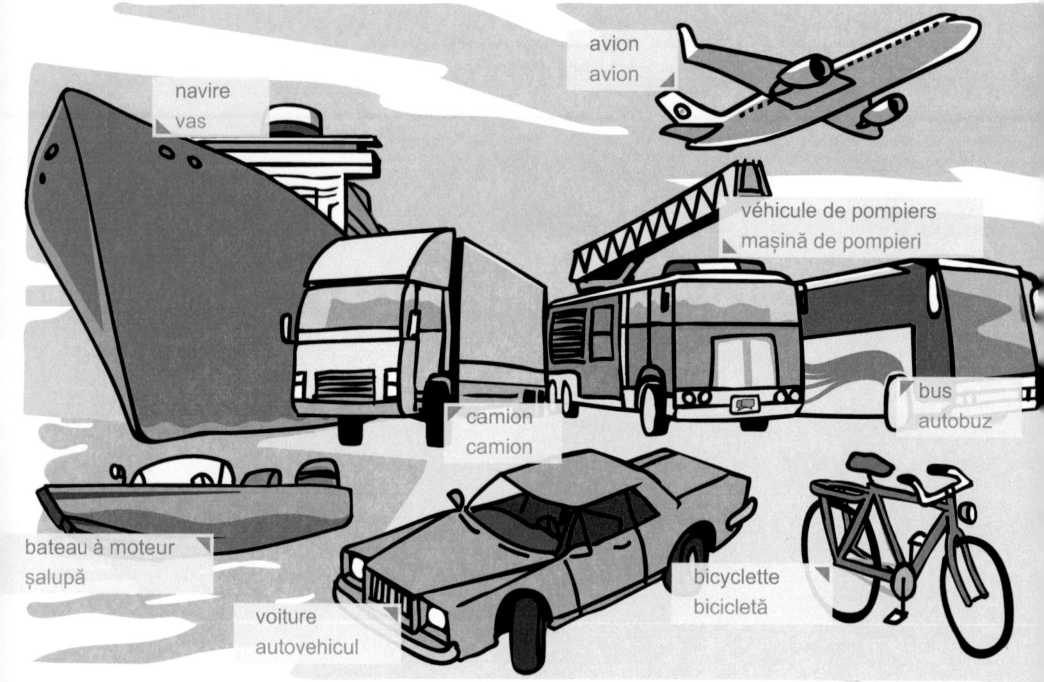
navire
vas
avion
avion
véhicule de pompiers
mașină de pompieri
camion
camion
bus
autobuz
bateau à moteur
șalupă
bicyclette
bicicletă
voiture
autovehicul

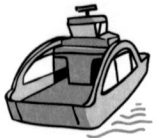

ferry

feribot

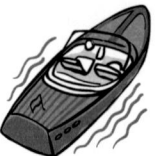

barque

barcă

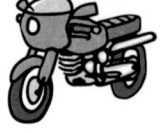

moto

motocicletă

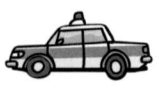

voiture de police

mașină de poliție

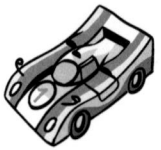

voiture de course

mașină de curse

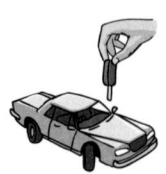

voiture de location

mașină închiriată

auto-partage

car sharing

voiture de remorquage

mașină de tractat

benne à ordures

mașină de gunoi

moteur

motor

essence

combustibil

station d'essence

benzinărie

panneau indicateur

semn de circulație

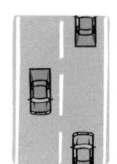

trafic

trafic

embouteillage

ambuteiaj

parking

parcare

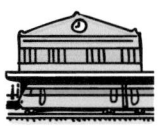

gare

gară

rails

șine

train

tren

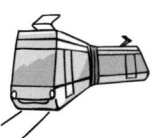

tramway

tramvai

wagon

vagon

hélicoptère

elicopter

aéroport

aeroport

tour

turn

passager

pasager

conteneur

container

carton

carton

chariot

căruță

corbeille

coș

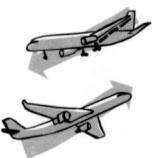

décoller / atterrir

a decola/a ateriza

ville

oraș

village

sat

centre-ville

centru

maison

casă

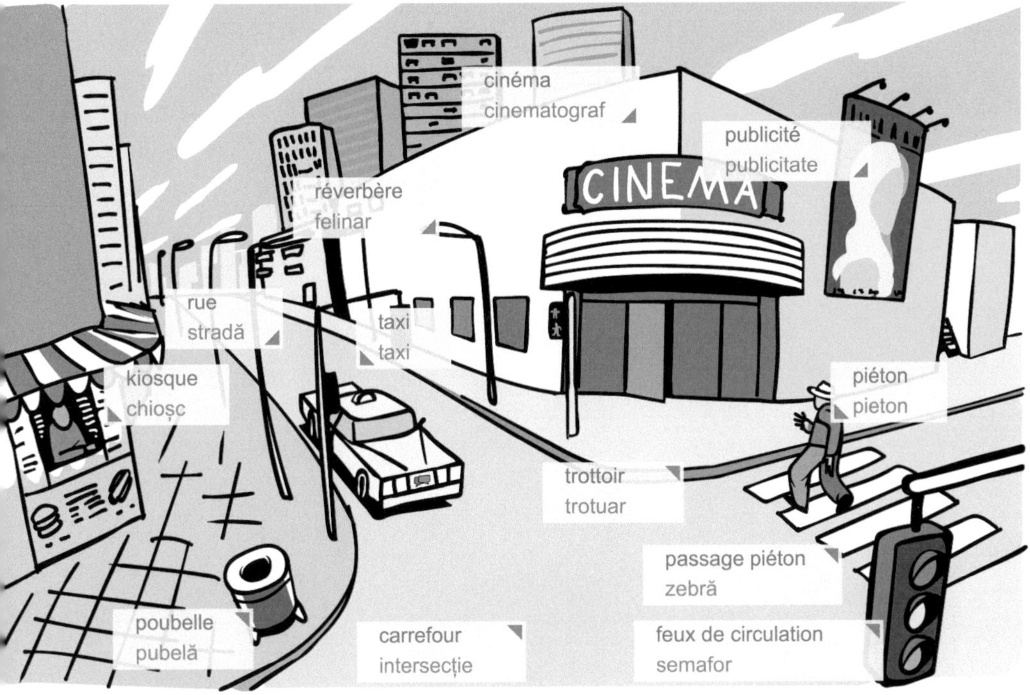

cinéma
cinematograf

publicité
publicitate

réverbère
felinar

rue
stradă

taxi
taxi

kiosque
chioșc

CINEMA

piéton
pieton

trottoir
trotuar

passage piéton
zebră

poubelle
pubelă

carrefour
intersecție

feux de circulation
semafor

cabane

cabană

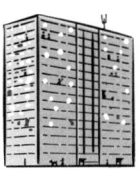

appartement

apartament

gare

gară

mairie

primărie

musée

muzeu

école

școală

ville - oraș

université

universitate

banque

bancă

hôpital

spital

hôtel

hotel

pharmacie

farmacie

bureau

birou

librairie

librărie

magasin

magazin

fleuriste

florărie

supermarché

supermarket

marché

piață

grand magasin

magazin universal

poissonnerie

comerciant de pește

centre commercial

centru comercial

port

port

parc
parc

banque
bancă

pont
pod

escaliers
trepte

métro
metrou

tunnel
tunel

arrêt de bus
stație de autobuz

bar
bar

restaurant
restaurant

boîte à lettres
cutie poștală

panneau indicateur
tăbliță indicatoare cu
numele străzii

parcmètre
parcometru

zoo
grădină zoologică

piscine
piscină

mosquée
moschee

ferme

gospodărie țărănească

pollution

poluare

cimetière

cimitir

église

biserică

aire de jeux

loc de joacă

temple

templu

paysage
peisaj

![peisaj illustration]

feuille
frunză

panneau indicateur
indicator

chemin
drum

pré
pajiște

pierre
piatră

randonneur
drumeț

arbre
copac

rivière
râu

herbe
iarbă

fleur
floare

vallée

vale

montagne

deal

lac

lac

forêt

pădure

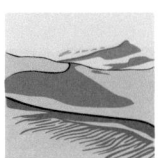

désert

deșert

volcan

vulcan

château

castel

arc-en-ciel

curcubeu

champignon

ciupercă

palmier

palmier

moustique

țânțar

mouche

muscă

fourmis

furnică

abeille

albină

araignée

păianjen

coléoptère

gândac

grenouille

broască

écureuil

veveriţă

hérisson

arici

lièvre

iepure

chouette

bufniţă

oiseau

pasăre

cygne

lebădă

sanglier

porc mistreţ

cerf

cerb

élan

elan

barrage

dig

éolienne

turbină eoliană

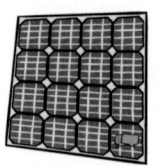

panneau solaire

panou solar

climat

climă

restaurant
restaurant

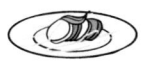

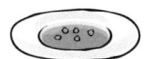

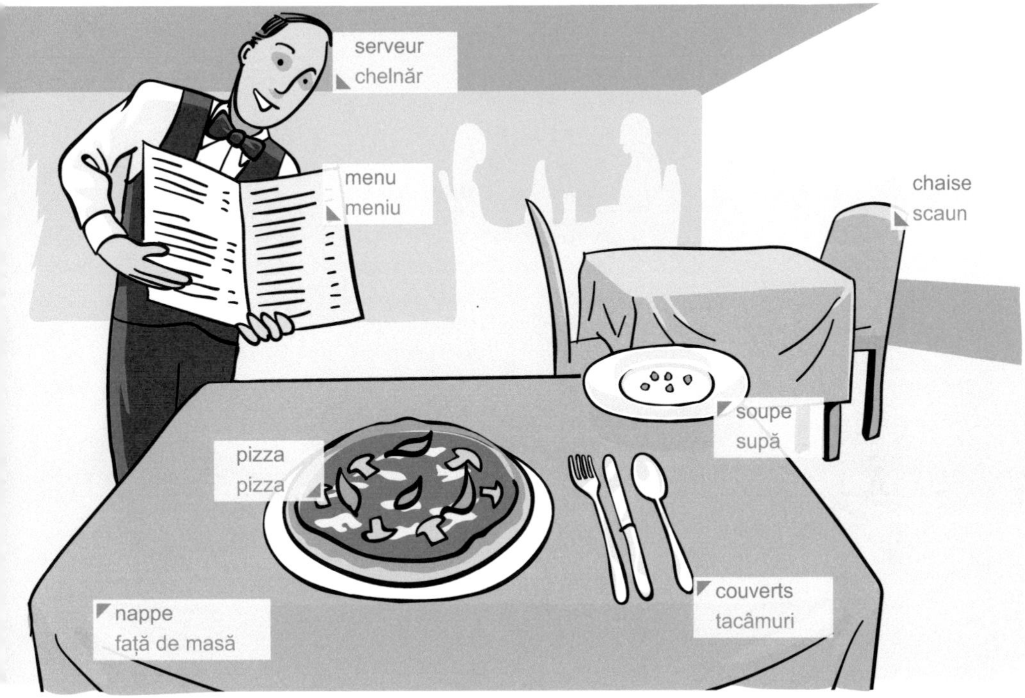
serveur
chelnăr
menu
meniu
chaise
scaun
soupe
supă
pizza
pizza
couverts
tacâmuri
nappe
față de masă

hors d'œuvre

antreu

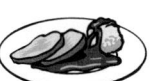

plat principal

fel principal

dessert

desert

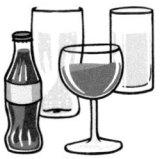

boissons

băuturi

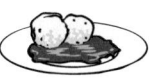

alimentation

mâncare

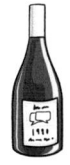

bouteille

sticlă

fast-food

fastfood

plats à emporter

streetfood

théière

ceainic

sucrier

zaharniță

portion

porție

machine à expresso

espressor

chaise haute

scaun înalt (pentru copii)

facture

factură

plateau

tavă

couteau

cuțit

fourchette

furculiță

cuillère

lingură

cuillère à thé

linguriță

serviette

șervețel

verre

pahar

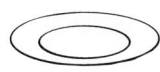

assiette

farfurie

assiette à soupe

farfurie de supă

soucoupe

farfurie

sauce

sos

salière

solniță

moulin à poivre

râșniță de piper

vinaigre

oțet

huile

ulei

épices

condimente

ketchup

ketchup

moutarde

muștar

mayonnaise

maioneză

supermarché
supermarket

offre promotionnelle
ofertă
FOR
client
client
produits laitiers
produse lactate
fruits
fructe
chariot
cărucior de cumpărături

BUTCHERS

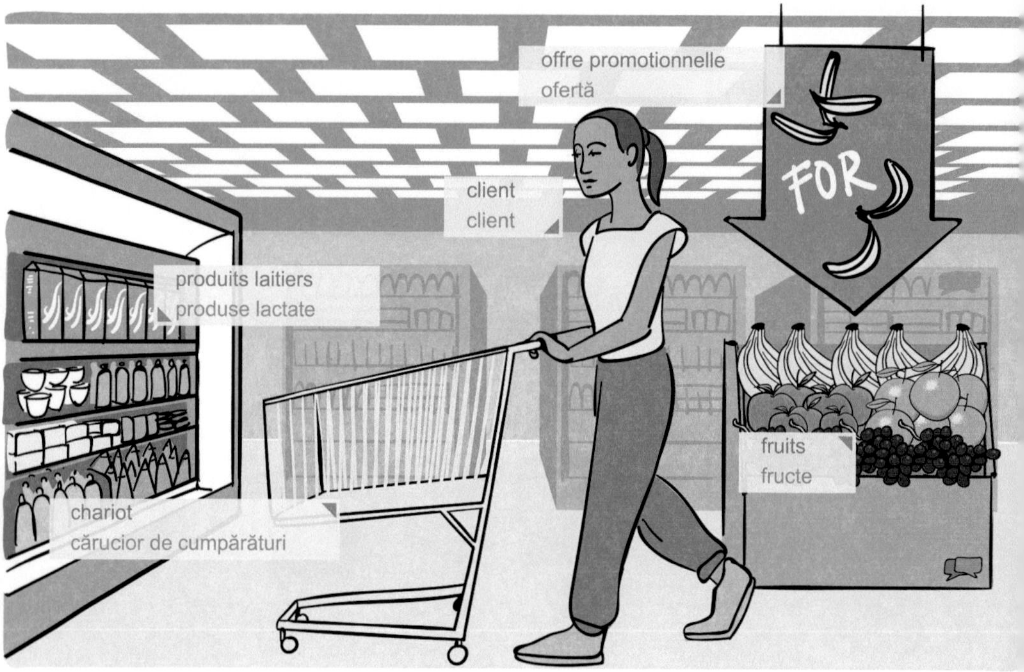

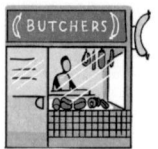

boucherie

măcelărie

BAKERY

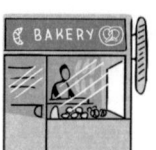

boulangerie

brutărie

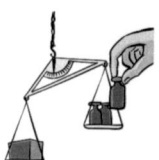

peser

a cântări

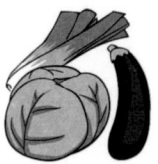

légumes

legume

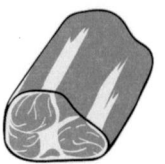

viande

carne

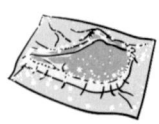

aliments surgelés

alimente refrigerate

charcuterie

mezeluri şi brânzeturi feliate

conserves

conserve

poudre à lessive

detergent

bonbons

dulciuri

articles ménagers

articole de menaj

détergents

produse de curăţenie

vendeuse

vânzătoare

caisse

casă

caissier

casier

liste d'achats

listă de cumpărături

heures d'ouverture

orar

portefeuille

portmoneu

carte de crédit

carte de credit

sac

geantă

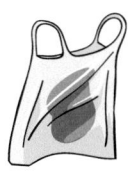

sac en plastique

pungă de plastic

eau

apă

jus de fruit

suc

lait

lapte

coca

cola

vin

vin

bière

bere

alcool

alcool

chocolat chaud

cacao

thé

ceai

café

cafea

expresso

espresso

cappuccino

cappucino

banane

banane

pomme

măr

orange

portocală

melon

pepene

citron

lămâie

carotte

morcov

ail

usturoi

bambou

bambus

oignon

ceapă

champignon

ciupercă

noisettes

nuci

pâtes

paste făinoase

spaghetti

spagheti

riz

orez

salade

salată

pommes frites

cartofi prăjiți

pommes de terre rôties

cartofi țărănești

pizza

pizza

hamburger

hamburger

sandwich

sandwich

escalope

șnițel

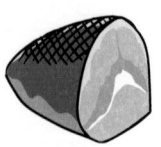

jambon

șuncă

salami

salam

saucisse

cârnați

poulet

pui

rôti

friptură

poisson

pește

flocons d'avoine

fulgi de ovăz

muesli

musli

cornflakes

cereale

farine

făină

croissant

corn

petits-pains

chifle

pain

pâine

pain grillé

pâine prăjită

biscuits

biscuiți

beurre

unt

le fromage blanc

brânză de vaci

gâteau

prăjitură

œuf

ou

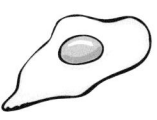

œuf au plat

ouă ochiuri

fromage

brânză

glace

îngheţată

sucre

zahăr

miel

miere

confiture

marmeladă

crème nougat

cremă nuga

curry

curry

ferme

gospodărie țărănească

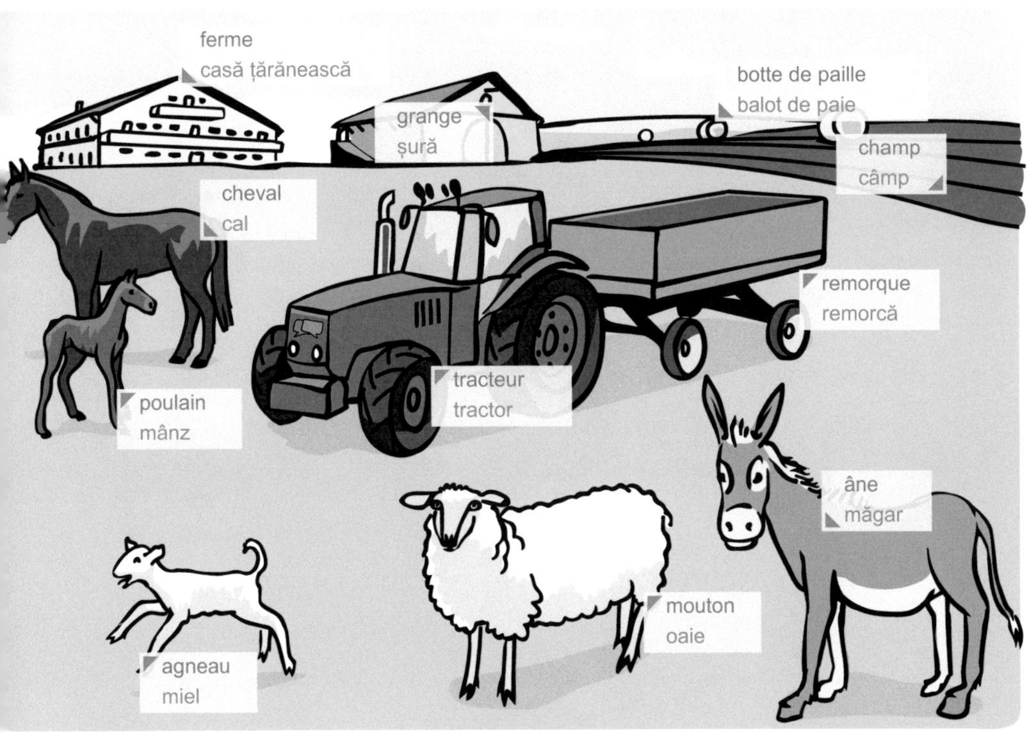
ferme
casă țărănească
grange
șură
botte de paille
balot de paie
champ
câmp
cheval
cal
remorque
remorcă
tracteur
tractor
poulain
mânz
âne
măgar
mouton
oaie
agneau
miel

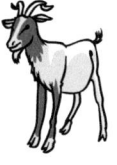

chèvre

capră

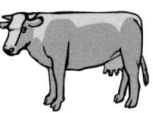

vache

vacă

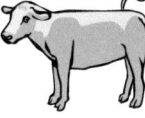

veau

vițel

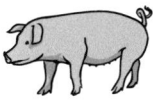

porc

porc

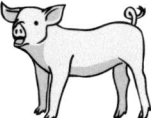

porcelet

purcel

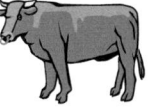

taureau

taur

oie
găină

canard
rață

poussin
pui

poule
găină

coq
cocoș

rat
șobolan

chat
pisică

souris
șoarece

bœuf
bou

chien
câine

chenil
cușcă

tuyau de jardin
furtun de grădină

arrosoir
stropitoare

faucheuse
coasă

charrue
plug

faucille

secolă

pioche

sapă

fourche

furcă

hache

secure

brouette

roabă

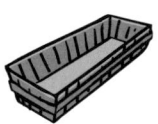

cuve

troacă

pot à lait

cană pentru lapte

sac

sac

clôture

gard

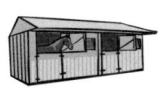

étable

grajd

serre

seră

sol

sol

semences

sămânță

engrais

fertilizator

moissonneuse-batteuse

combină de treierat

récolter

a culege

récolte

recoltă

igname

cartof yam

blé

grâu

soja

soia

pomme de terre

cartof

maïs

porumb

colza

rapiță

arbre fruitier

pom fructifer

manioc

manioc

céréales

cereale

maison
casă

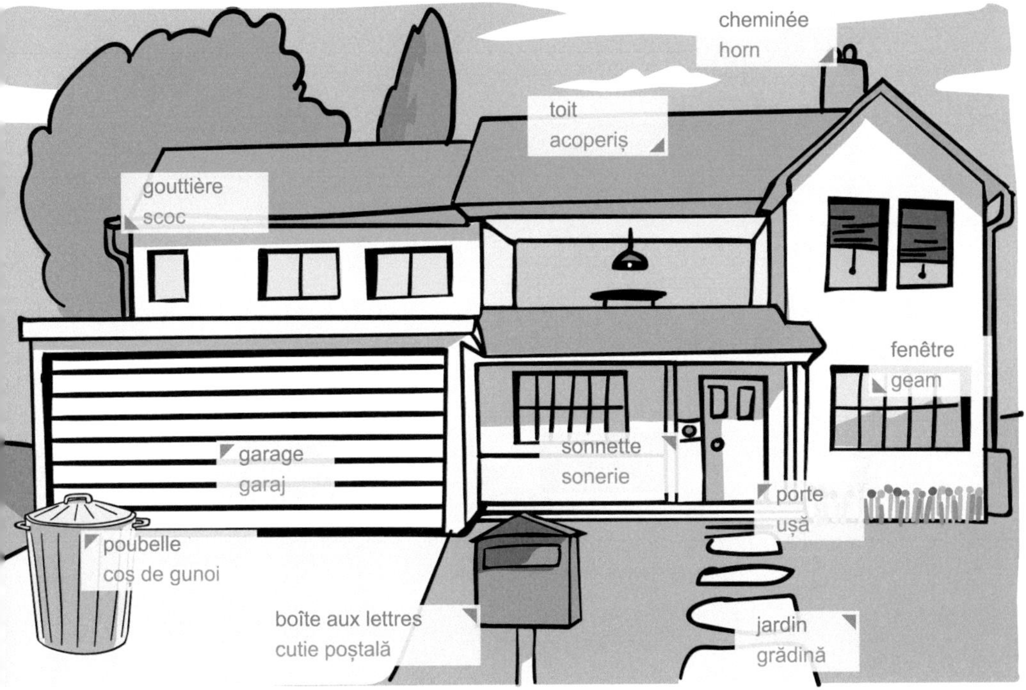
cheminée
horn
toit
acoperiș
gouttière
scoc
fenêtre
geam
garage
garaj
sonnette
sonerie
porte
ușă
poubelle
coș de gunoi
boîte aux lettres
cutie poștală
jardin
grădină

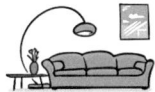

salon

camera de zi

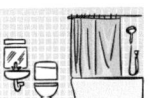

salle de bain

baie

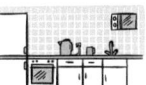

cuisine

bucătărie

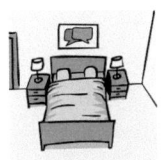

chambre à coucher

dormitor

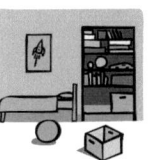

chambre d'enfant

camera copiilor

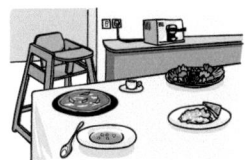

salle à manger

sufragerie

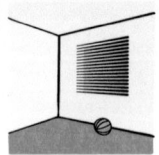

sol

podea

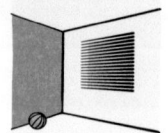

mur

perete

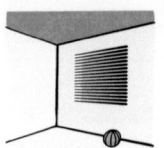

plafond

tavan

cave

pivniță

sauna

saună

balcon

balcon

terrasse

terasă

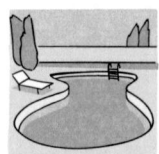

piscine

piscină

tondeuse à gazon

mașină de tuns iarba

housse

cearșaf

couette

cuvertură

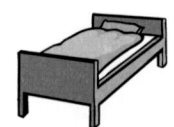

lit

pat

balai

mătură

sceau

găleată

interrupteur

întrerupător

salon

cameră de zi

papier peint
tapet
image
pictură
étagère
raft
cheminée
șemineu
fleur
floare
vase
vază
télé
televizor
armoire
dulap
lampe
lampă
coussin
pernă
sofa
sofa
télécommande
telecomandă

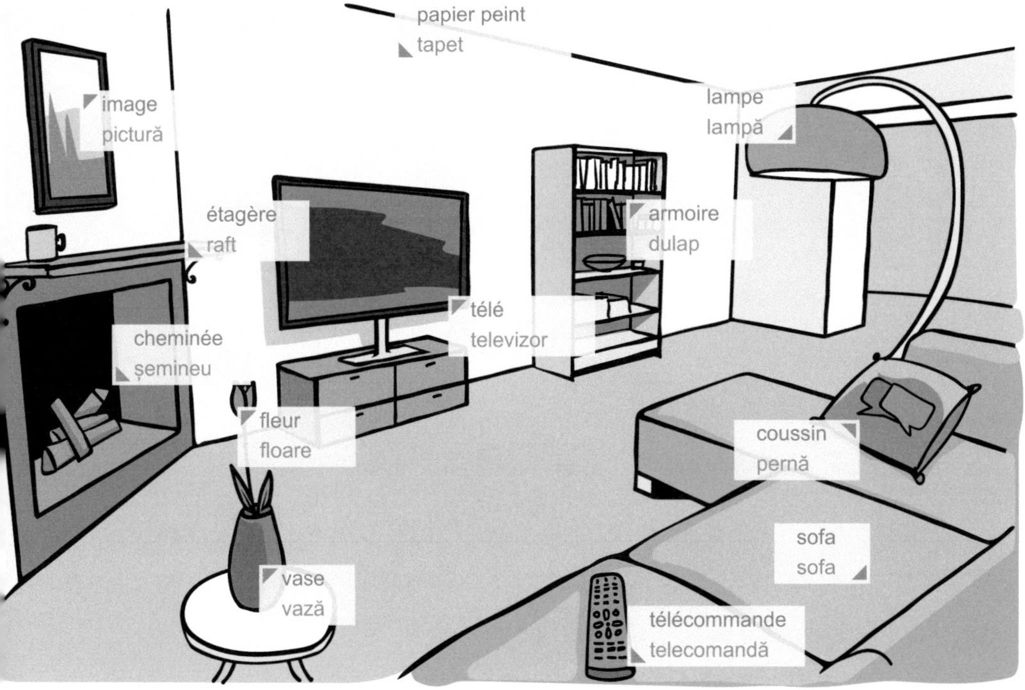

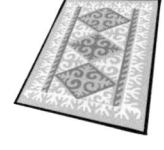

tapis

covor

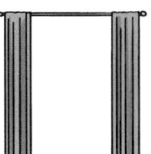

rideau

perdea

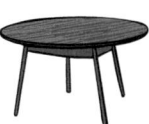

table

masă

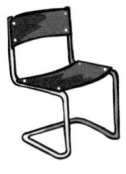

chaise

scaun

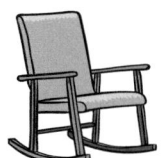

chaise à bascule

balansoar

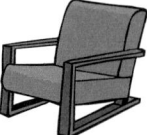

fauteuil

fotoliu

livre

carte

couverture

pătură

décoration

decoraţiune

bois de chauffage

lemn de foc

film

film

chaîne hi-fi

instalaţie stereo

clé

cheie

journal

ziar

peinture

desen

poster

poster

radio

radio

bloc-notes

caiet de notiţe

aspirateur

aspirator

cactus

cactus

bougie

lumânare

cuisine
bucătărie

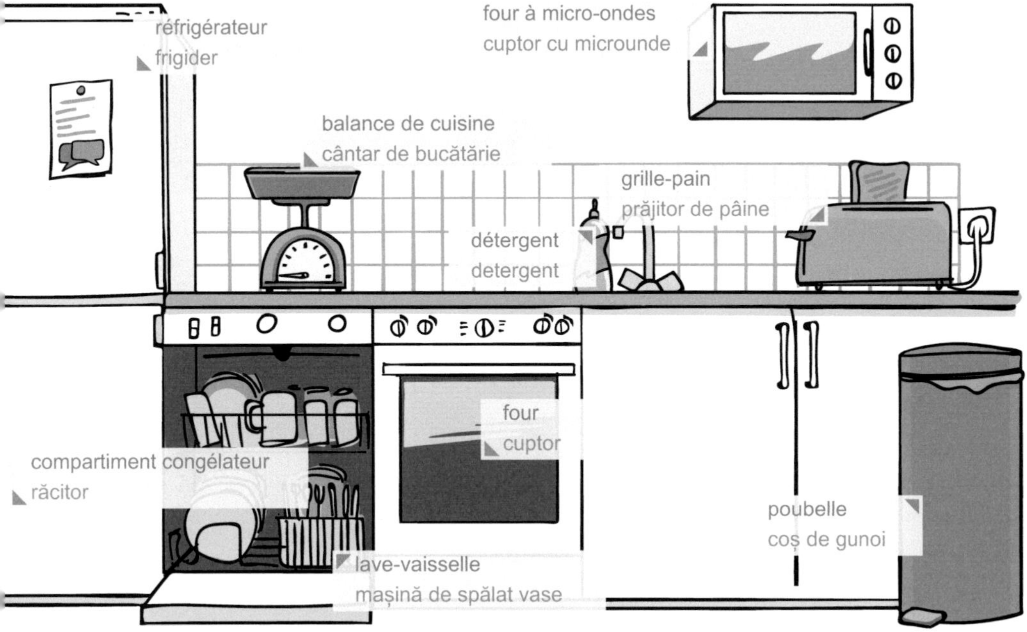
réfrigérateur
frigider
four à micro-ondes
cuptor cu microunde
balance de cuisine
cântar de bucătărie
grille-pain
prăjitor de pâine
détergent
detergent
four
cuptor
compartiment congélateur
răcitor
poubelle
coș de gunoi
lave-vaisselle
mașină de spălat vase

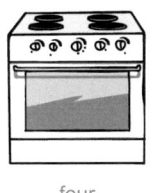

four

cuptor

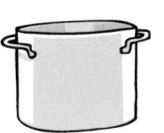

casserole

oală

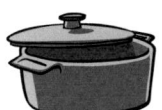

marmite

oală de metal

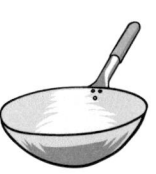

wok / kadai

wok/kadai

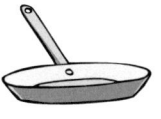

poêle

tigaie

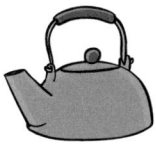

bouilloire electrique

ceainic

cuiseur vapeur

oală de gătit cu aburi

plaque de cuisson

tavă de copt

vaisselle

veselă

gobelet

pahar

coupe

bol

baguettes

bețișoare

louche

polonic

spatule

spatulă

fouet

tel

passoire

sită

tamis

sită

râpe

răzătoare

mortier

mojar

barbecue

grătar

cheminée

loc pentru grătar

planche à découper

tocător

rouleau à pâtisserie

sucitor

tire-bouchon

tirbușon

boîte

conservă

ouvre-boîte

deschizător de conserve

maniques

șervete termice

lavabo

chiuvetă

brosse

perie

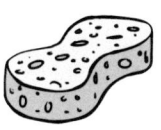

éponge

burete

mixeur

mixer

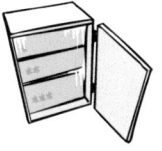

congélateur

ladă frigorifică

biberon

biberon

robinet

robinet

salle de bain

baie

douche
duș
chauffage
încălzire
serviette
prosop
rideau de douche
perdea de duș
bain moussant
baie cu spumă
baignoire
cadă
verre
pahar
machine à laver
mașină de spălat
robinet
robinet
carrelage
gresie
pot
oală de noapte
lavabo
chiuvetă

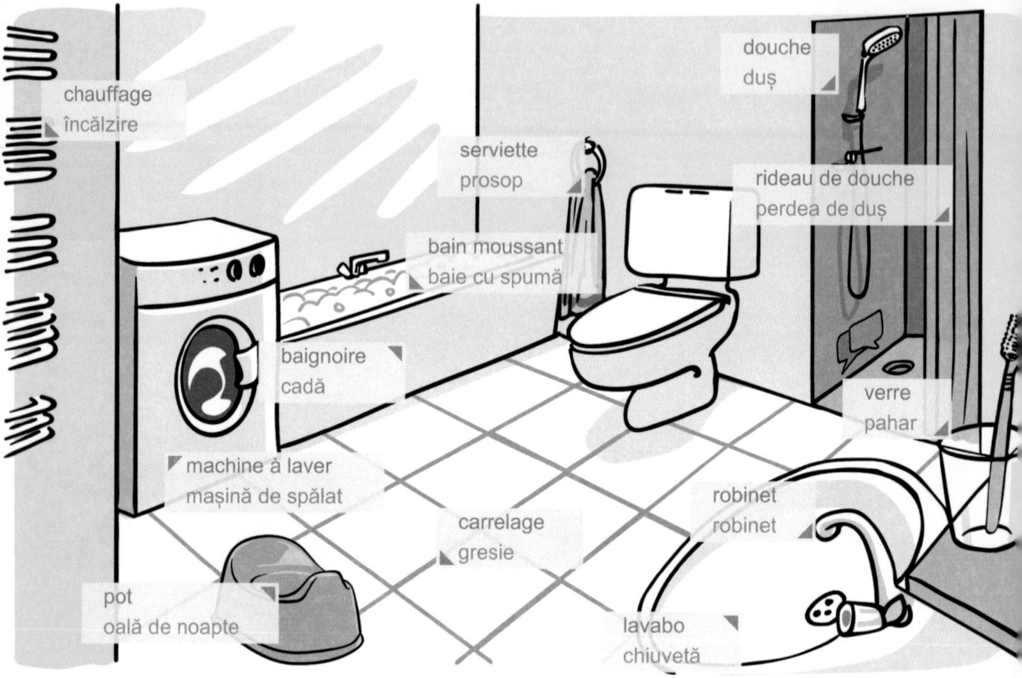

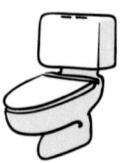

toilettes

toaletă

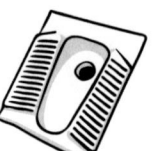

toilette à la turque

toaletă turcescă

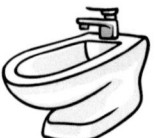

bidet

bideu

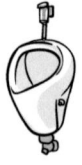

urinoir

pisoir

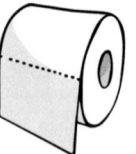

papier toilette

hârtie igienică

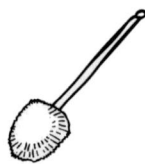

brosse à toilette

perie de toaletă

brosse à dents

periuță de dinți

dentifrice

pastă de dinți

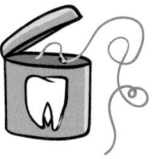

fil dentaire

ață dentară

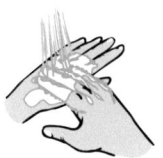

laver

a spăla

douche manuelle

cap de duș

douche intime

duș intim

vasque

lavoar

brosse dorsale

perie pentru spate

savon

săpun

gel douche

gel de duș

shampooing

șampon

gant de toilette

cârpă de spălat

écoulement

scurgere

crème

cremă

déodorant

deodorant

miroir

oglindă

miroir cosmétique

oglindă cosmetică

rasoir

aparat de ras

mousse à raser

spumă de ras

après-rasage

aftershave

peigne

pieptene

brosse

perie

sèche-cheveux

uscător de păr

laque pour cheveux

fixator

fond de teint

machiaj

rouge à lèvres

ruj

vernis à ongles

lac de unghii

ouate

vată

coupe-ongles

foarfece de unghii

parfum

parfum

trousse de toilette

neseser

tabouret

taburet

pèse-personne

cântar

peignoir

halat de baie

gants de nettoyage

mănuși de cauciuc

tampon

tampon

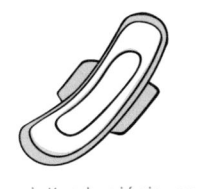

serviettes hygiéniques

tampon

toilette chimique

toaletă chimică

chambre d'enfant
camera copiilor

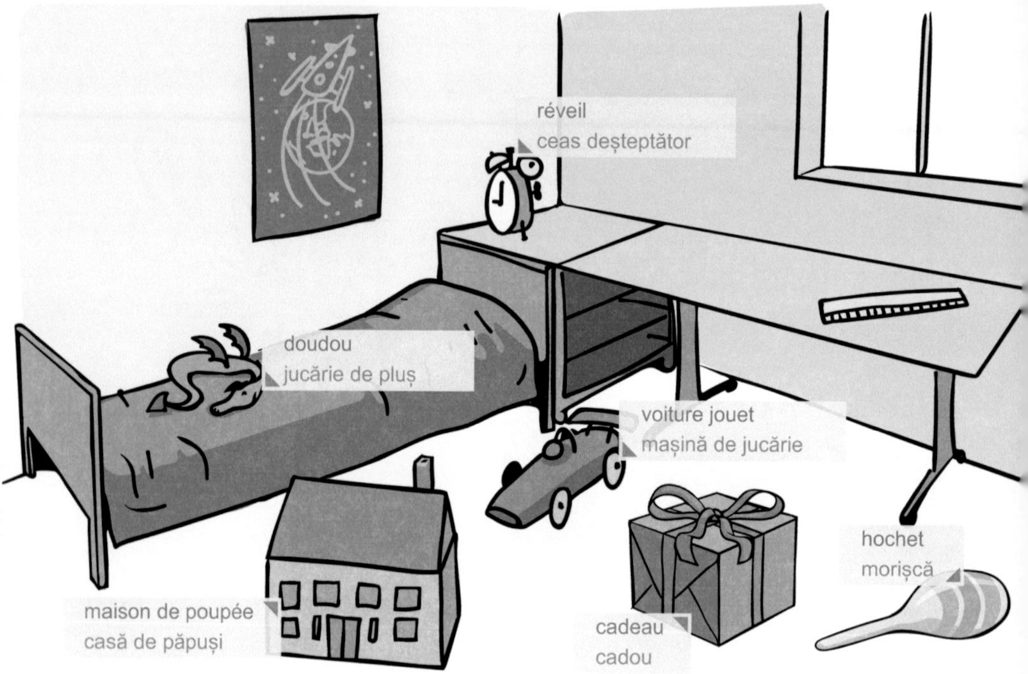
réveil
ceas deșteptător
doudou
jucărie de pluș
voiture jouet
mașină de jucărie
hochet
morișcă
maison de poupée
casă de păpuși
cadeau
cadou

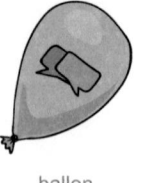

ballon
balon

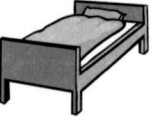

lit
pat

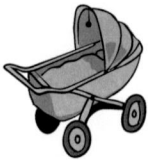

poussette
cărucior de copii

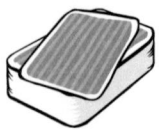

jeu de cartes
joc de cărți

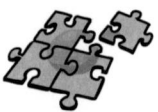

puzzle
puzzle

SUPER
MEGA

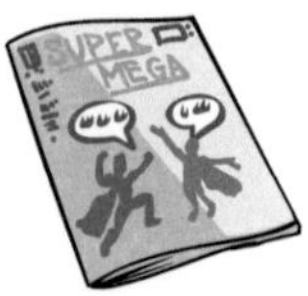

bande dessinée
revistă de benzi desenate

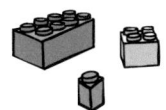

pièces lego

cuburi lego

blocs de construction

piese pentru construcții

figurine

personaj din filmele de acțiune

grenouillère

body

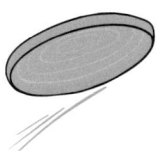

frisbee

frisbee

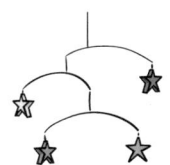

mobile

mobil

jeu de société

joc de societate

dé

zar

train miniature

set trenuleț de jucărie

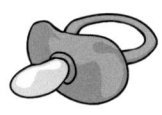

sucette

suzetă

fête

petrecere

livre d'images

carte cu poze

balle

minge

poupée

păpușă

jouer

a se juca

bac à sable

groapă de nisip

balançoire

leagăn

jouets

jucării

console de jeu

consolă video

tricycle

tricicletă

ours en peluche

ursuleț

armoire

dulap

vêtements

îmbrăcăminte

chaussettes

șosete

bas

ciorapi

collant

dres

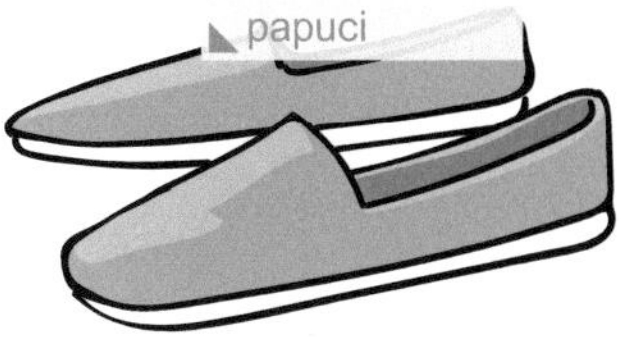

écharpe
șal

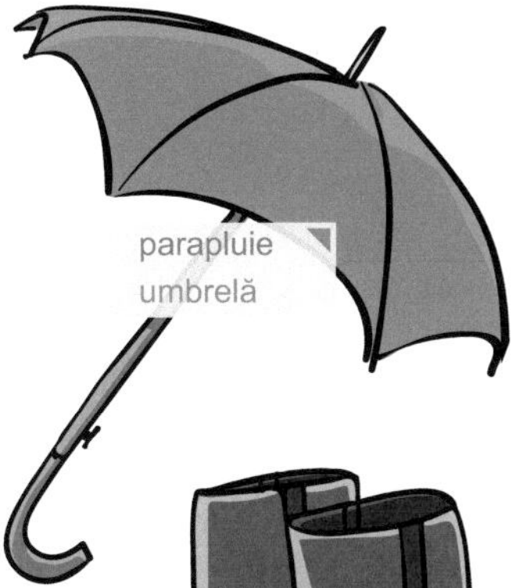

parapluie
umbrelă

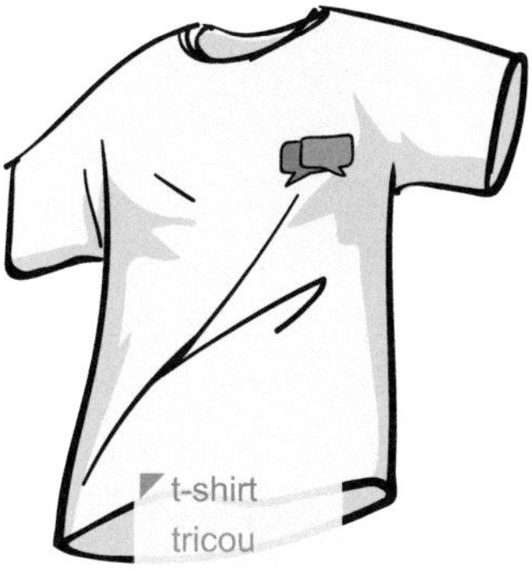

t-shirt
tricou

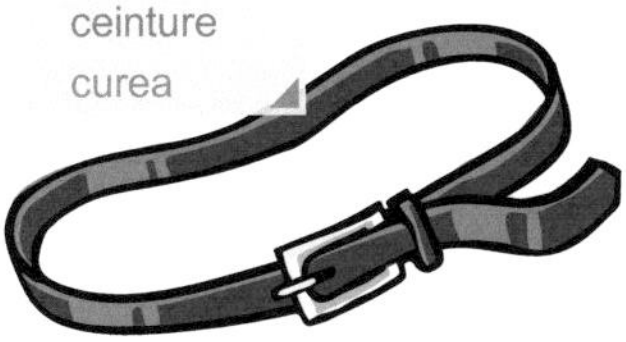

ceinture
curea

bottes
cizme

pantoufles
papuci

baskets
pantofi sport

sandales
sandale

chaussures
încălțăminte

bottes de caoutchouc
cizme de cauciuc

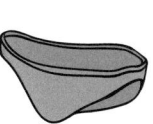

sous-vêtements
chilot

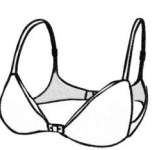

soutien-gorge
sutien

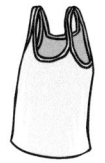

maillot de corps
maiou

body
body

pantalon
pantaloni

jean
blugi

jupe
fustă

chemisier
bluză

chemise
cămaşă

pull
pulover

sweat à capuche
jerseu

veste
sacou

veste
jachetă

manteau
palton

imperméable
pelerină de ploaie

costume
costum

robe
rochie

robe de mariée
rochie de mireasă

costume

costum

chemise de nuit

cămașă de noapte

pyjama

pijama

sari

sari

foulard

batic

turban

turban

burqa

burka

caftan

caftan

abaya

abaya

maillot de bain

costum de baie

maillot de bain

șort

short

pantaloni scurți

tenue d'entraînement

trening

tablier

șorț

gants

mănuși

bouton

nasture

lunettes

ochelari

bracelet

brățară

collier

lanț

bague

inel

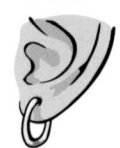

boucle d'oreille

cercel

bonnet

căciulă

cintre

umeraș

chapeau

pălărie

cravate

cravată

fermeture éclair

fermoar

casque

cască

bretelles

bretele

uniforme scolaire

uniformă școlară

uniforme

uniformă

bavoir

bavețică

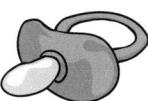

sucette

suzetă

lange

scutec

bureau
birou

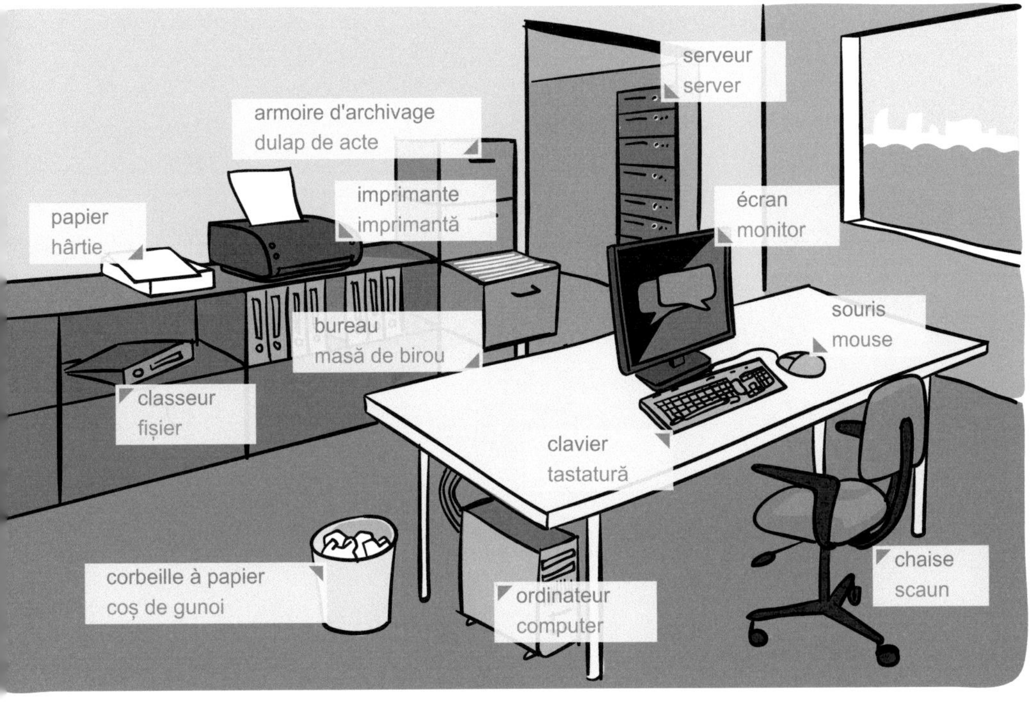

serveur
server

armoire d'archivage
dulap de acte

imprimante
imprimantă

écran
monitor

papier
hârtie

souris
mouse

bureau
masă de birou

classeur
fișier

clavier
tastatură

chaise
scaun

corbeille à papier
coș de gunoi

ordinateur
computer

tasse de café

ceașcă de cafea

calculatrice

calculator

internet

internet

ordinateur portable

laptop

lettre

scrisoare

message

mesaj

portable

telefon mobil

réseau

rețea

photocopieuse

copiator

logiciel

software

téléphone

telefon

prise

priză

fax

fax

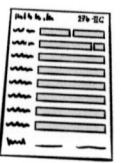

formulaire

formular

document

document

acheter

a cumpăra

payer

a plăti

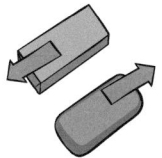

faire du commerce

a face comerț

monnaie

bani

dollar

Dolar

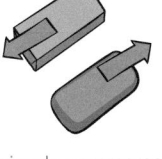

euro

Euro

yen

Yen

rouble

Rublă

franc suisse

Franc Elvețian

renminbi yuan

renminbi yuan

roupie

Rupie

distributeur automatique

bancomat

bureau de change

casă de schimb valutar

or

aur

argent

argint

pétrole

petrol

énergie

energie

prix

preț

contrat

contract

taxe

impozit

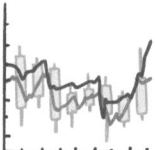

action

acțiune

travailler

a munci

employé

angajat

employeur

angajator

usine

fabrică

magasin

magazin

professions
ocupații

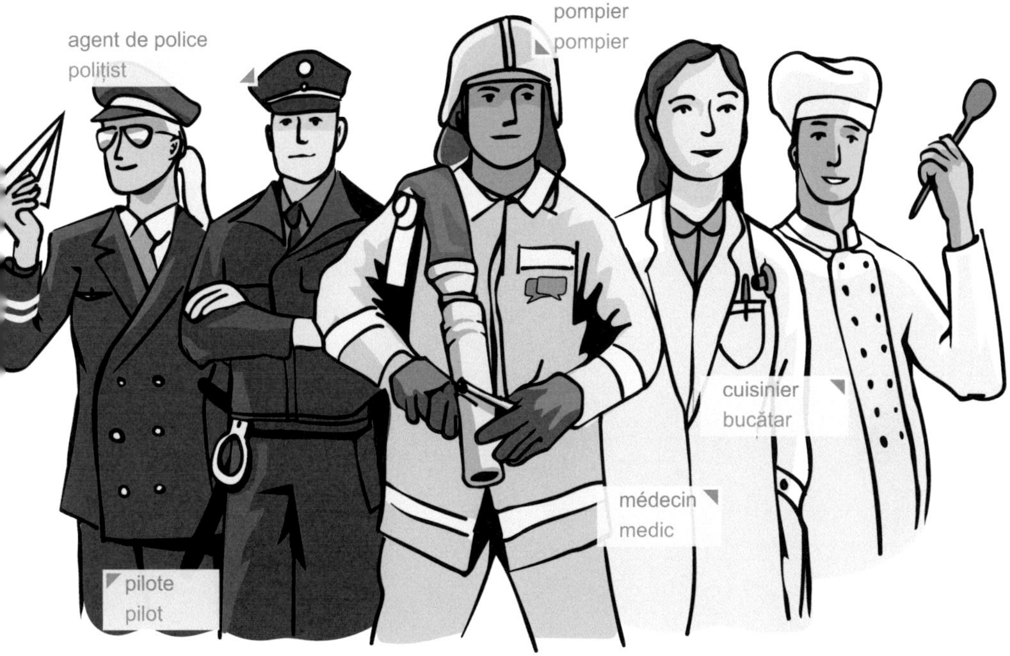

agent de police
polițist
pompier
pompier
cuisinier
bucătar
médecin
medic
pilote
pilot

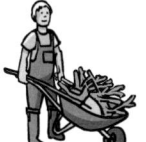

jardinier

grădinar

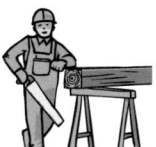

menuisier

tâmplar

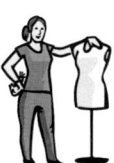

couturière

cusătoreasă

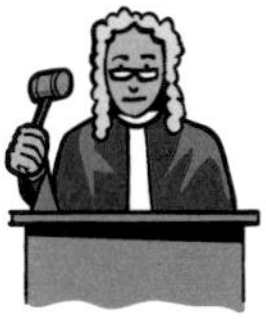

juge

judecător

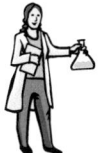

chimiste

chimist

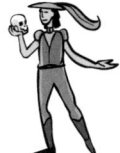

acteur

actor

conducteur de bus

șofer de autobuz

chauffeur de taxi

șofer de taxi

pêcheur

pescar

femme de ménage

femeie de serviciu

couvreur

tinichigiu

serveur

chelnăr

chasseur

vânător

peintre

pictor

boulanger

brutar

électricien

electrician

ouvrier

muncitor în construcții

ingénieur

inginer

boucher

măcelar

plombier

instalator

facteur

poștaș

soldat

soldat

architecte

arhitect

caissier

casier

fleuriste

florar

coiffeur

frizer

contrôleur

controlor

mécanicien

mecanic

capitaine

căpitan

dentiste

stomatolog

scientifique

om de știință

rabbin

rabin

imam

imam

moine

călugăr

prêtre

preot

outils
instrumente

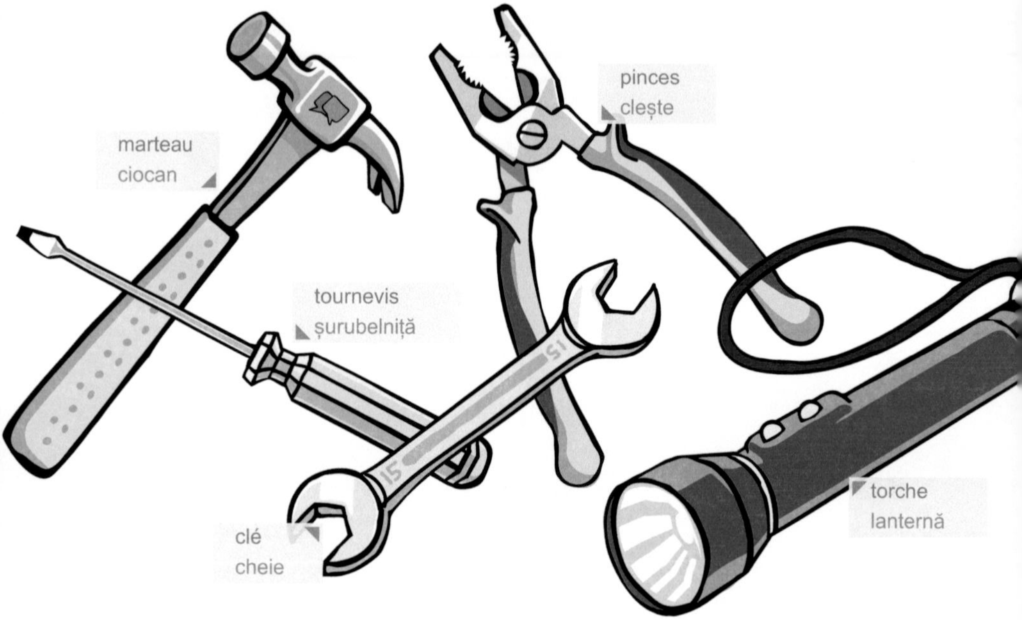

marteau
ciocan
pinces
clește
tournevis
șurubelniță
clé
cheie
torche
lanternă

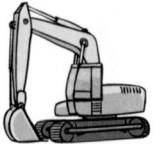

pelleteuse

excavator

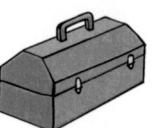

boîte à outils

cutie de scule

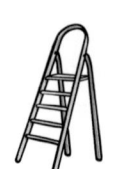

échelle

scară

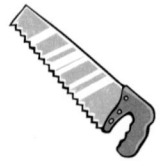

scie

ferăstrău

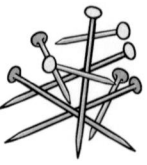

clous

cuie

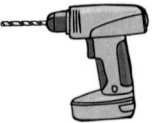

perceuse

burghiu

réparer

a repara

pelle

lopată

Mince !

La naiba!

pelle

făraș

pot de peinture

vas pentru vopsea

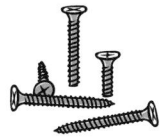

vis

șuruburi

instruments de musique
instrumente muzicale

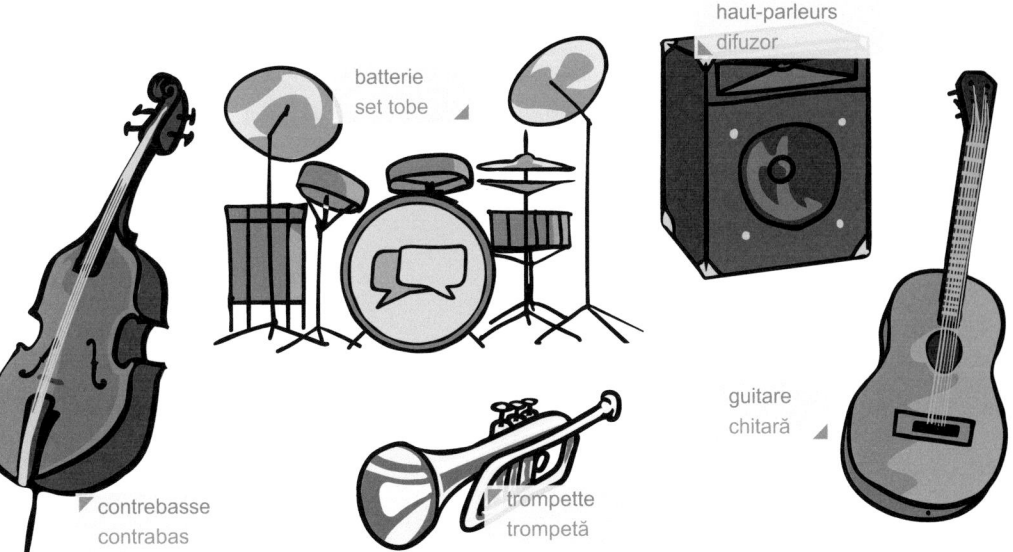

batterie
set tobe

haut-parleurs
difuzor

contrebasse
contrabas

trompette
trompetă

guitare
chitară

piano

pian

violon

vioară

basse

bas

timbales

trombon

tambour

tobă

piano électrique

keyboard

saxophone

saxofon

flûte

fluier

microphone

microfon

zoo

grădină zoologică

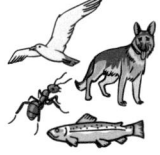

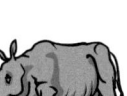

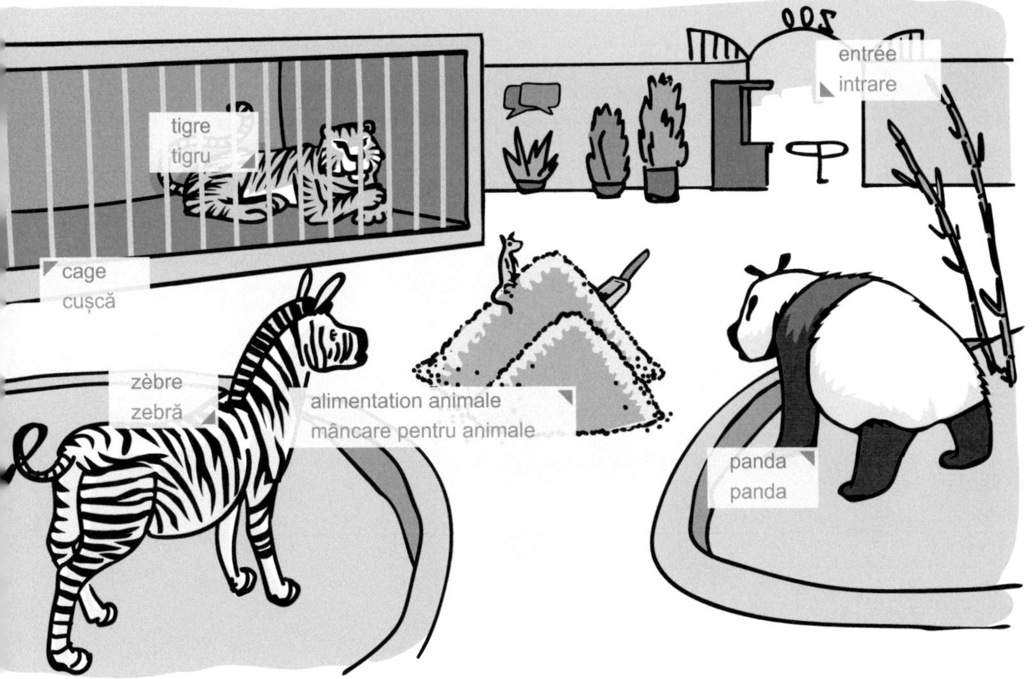

zoo
entrée
intrare
tigre
tigru
cage
cușcă
zèbre
zebră
alimentation animale
mâncare pentru animale
panda
panda

animaux

animale

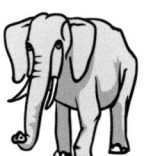

éléphant

elefant

kangourou

cangur

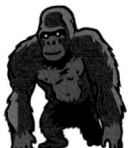

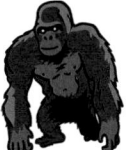

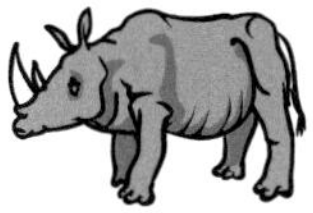

rhinocéros

rinocer

gorille

gorilă

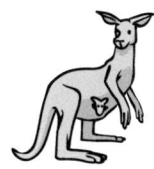

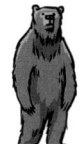

ours

urs

chameau

cămilă

autruche

struț

lion

leu

singe

maimuță

flamand rose

flamingo

perroquet

papagal

ours polaire

urs polar

pingouin

pinguin

requin

rechin

paon

păun

serpent

șarpe

crocodile

crocodil

gardien de zoo

îngrijitor grădina zoologică

phoque

focă

jaguar

jaguar

zoo - grădină zoologică

poney

ponei

léopard

leopard

hippopotame

hipopotam

girafe

girafă

aigle

acvilă

sanglier

porc mistreț

poisson

pește

tortue

broască țestoasă

morse

morsă

renard

vulpe

gazelle

gazelă

zoo - grădină zoologică

american Football
fotbal american

cyclisme
ciclism

tennis
tenis

basket-ball
basketball

natation
înot

boxe
box

hockey sur glace
hockey pe gheață

football
fotbal

badminton
badminton

athlétisme
atletism

handball
handbal

ski
schi

polo
polo

sauter
a sări

embrasser
a îmbrățișa

rire
a râde

marcher
a merge

chanter
a cânta

rêver
a visa

prier
a se ruga

faire la bise
a săruta

écrire
a scrie

dessiner
a desena

montrer
a arăta

pousser
a împinge

donner
a da

prendre
a lua

avoir

a avea

faire

a face

être

a fi

être debout

a sta în picioare

courir

a fugi

trier

a trage

jeter

a arunca

tomber

a cădea

être couché

a sta întins

attendre

a aştepta

porter

a purta

être assis

a şedea

s'habiller

a se îmbrăca

dormir

a dormi

se réveiller

a se trezi

regarder

a privi

pleurer

a plânge

caresser

a mângâia

peigner

a se pieptăna

parler

a vorbi

comprendre

a înțelege

demander

a întreba

écouter

a asculta

boire

a bea

manger

a mânca

ranger

a face ordine

aimer

a iubi

cuire

a găti

conduire

a conduce

voler

a zbura

activités - activități

faire de la voile
....
a naviga

calculer
....
a calcula

lire
....
a citi

apprendre
....
a învăța

travailler
....
a munci

se marier
....
a se căsători

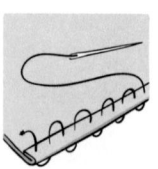

coudre
....
a coase

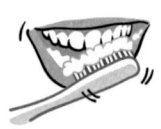

brosser les dents
....
a se spăla pe dinți

tuer
....
a ucide

fumer
....
a fuma

envoyer
....
a trimite

famille
familie

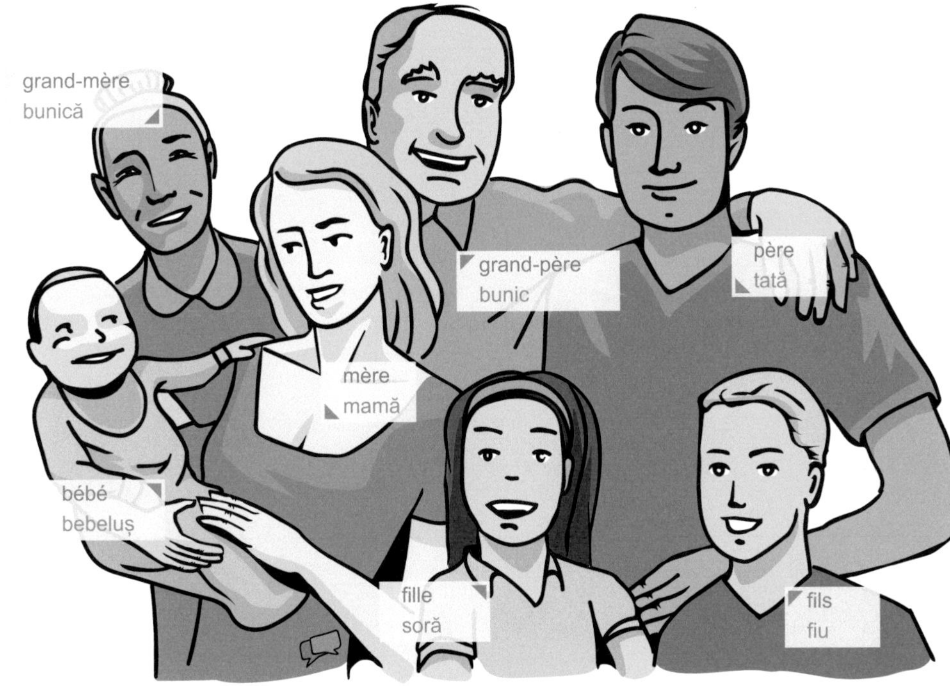
grand-mère
bunică
grand-père
bunic
père
tată
mère
mamă
bébé
bebeluș
fille
soră
fils
fiu

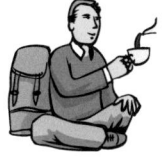

hôte
oaspete

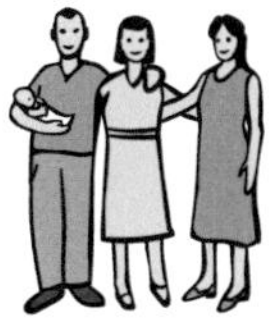

tante
mătușă

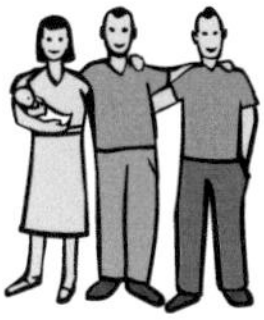

oncle
unchi

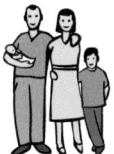

frère
frate

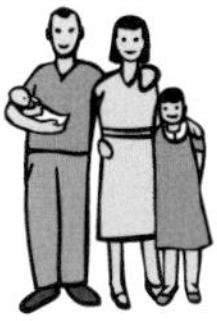

sœur
soră

corps
corp

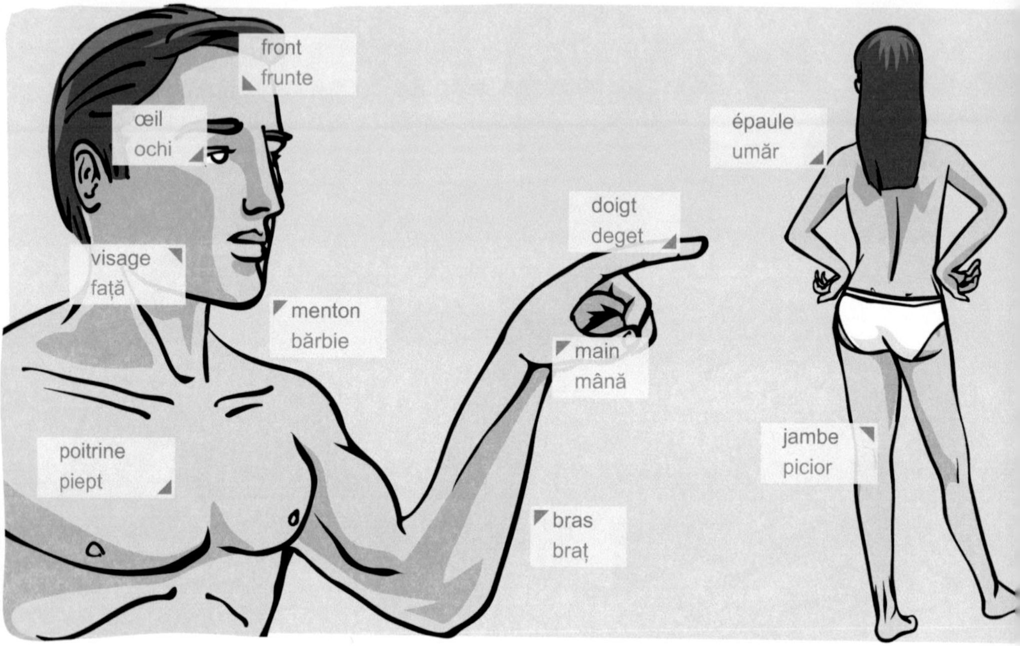

front
frunte

œil
ochi

épaule
umăr

doigt
deget

visage
față

menton
bărbie

main
mână

poitrine
piept

jambe
picior

bras
brat

bébé
....
bebeluș

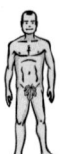

homme
....
bărbat

femme
....
femeie

fille
....
fată

garçon
....
băiat

tête
....
cap

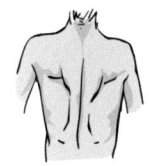

dos

spate

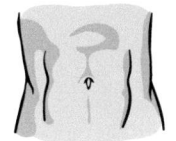

ventre

abdomen

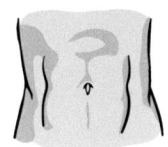

nombril

ombilic

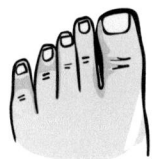

orteil

deget de la picior

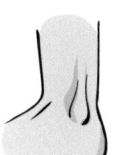

talon

călcâi

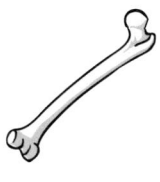

os

os

hanche

șold

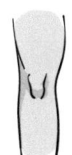

genou

genunchi

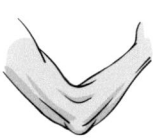

coude

cot

nez

nas

fesses

fund

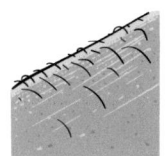

peau

piele

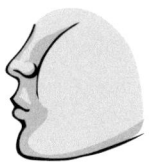

joue

obraz

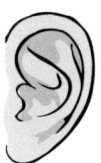

oreille

ureche

lèvre

buză

bouche

gură

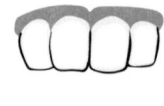

dent

dinte

langue

limbă

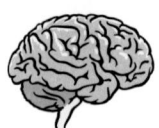

cerveau

creier

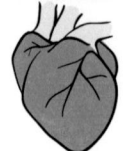

cœur

inimă

muscle

mușchi

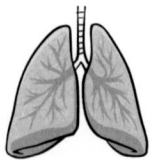

poumons

plămân

foie

ficat

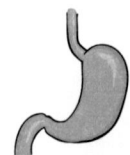

estomac

stomac

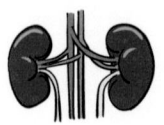

reins

rinichi

rapport sexuel

sex

préservatif

prezervativ

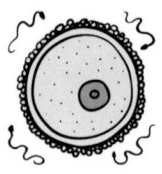

ovule

ovul

sperme

spermă

grossesse

sarcină

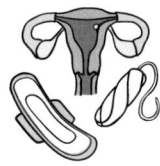

menstruation

menstruație

vagin

vagin

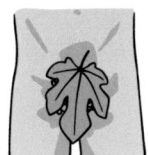

pénis

penis

sourcil

sprânceană

cheveux

păr

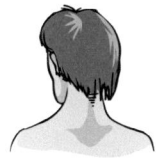

cou

gât

hôpital
spital

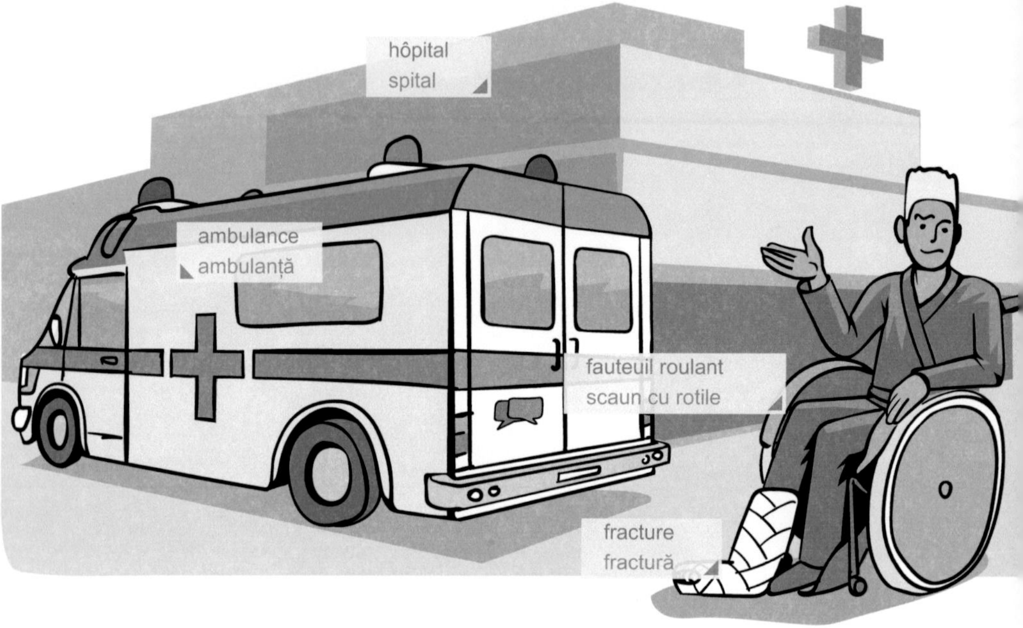

hôpital
spital
ambulance
ambulanță
fauteuil roulant
scaun cu rotile
fracture
fractură

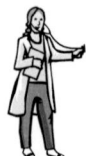

médecin

medic

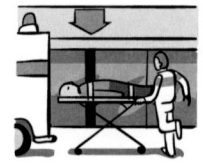

service des urgences

unitate de primiri urgențe

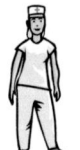

infirmière

soră medicală

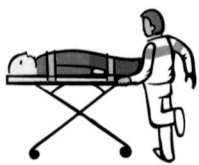

urgence

urgență

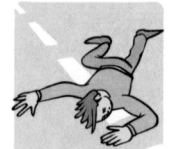

inconscient

inconștient

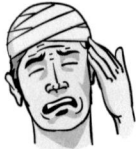

douleur

durere

blessure
leziune

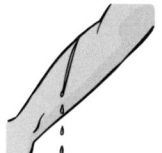

hémorragie
sângerare

crise cardiaque
infarct miocardic

attaque cérébrale
atac cerebral

allergie
alergie

toux
tuse

fièvre
febră

grippe
gripă

diarrhée
diaree

mal de tête
durere de cap

cancer
cancer

diabète
diabet

chirurgien
chirurg

scalpel
scalpel

opération
operație

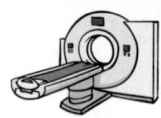

CT

CT

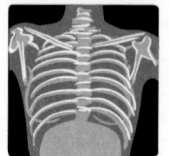

radiographie

raze Röntgen

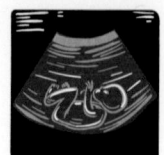

échographie

ultrasunet

masque

mască

maladie

boală

salle d'attente

sală de așteptare

béquille

cârjă

pansement

plasture

pansement

bandaj

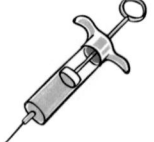

injection

injecție

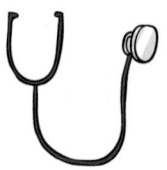

stéthoscope

stetoscop

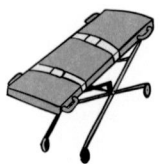

brancard

targă

thermomètre

termometru

accouchement

naștere

surcharge pondérale

supraponderabilitate

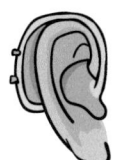

appareil auditif

aparat auditiv

désinfectant

dezinfectant

infection

infecție

virus

virus

VIH / sida

HIV/SIDA

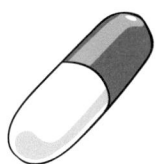

médicament

medicină

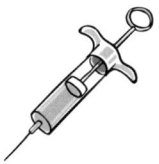

vaccination

vaccin

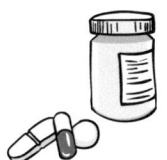

comprimés

tablete

pilule

pastilă

appel d'urgence

apel de urgență

tensiomètre

aparat de măsurare a
presiunii arteriale

malade / sain

bolnav/sănătos

Au secours !

Ajutor!

alarme

alarmă

assaut

agresiune

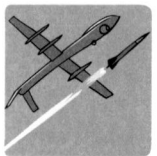

attaque

atac

danger

pericol

sortie de secours

ieşire de urgenţă

Au feu!

Foc!

extincteur

extinctor

accident

accident

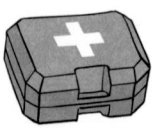

trousse de premier secours

trusă de prim-ajutor

SOS

SOS

police

poliţie

Europe

Europa

Amérique du Nord

America de Nord

Amérique du Sud

America de Sud

Afrique

Africa

Asie

Asia

Australie

Australia

Océan atlantique

Altantic

Océan pacifique

Pacific

Océan indien

Oceanul Indian

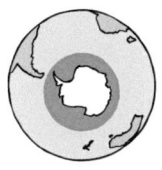

Océan antarctique

Oceanul Antarctic

Océan arctique

Oceanul Arctic

pôle nord

Polul Nord

pôle sud

Polul Sud

Antarctique

Antarctica

terre

pământ

pays

țară

mer

mare

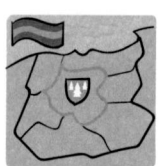

île

insulă

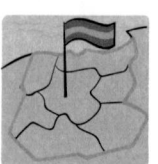

nation

națiune

état

stat

cadran

cadran

aiguille des heures

orar

aiguille des minutes

minutar

aiguille des secondes

secundar

Quelle heure est-il ?

Cât e ceasul?

jour

zi

temps

timp

maintenant

acum

montre digitale

cead digital

minute

minut

heure

oră

semaine
săptămână

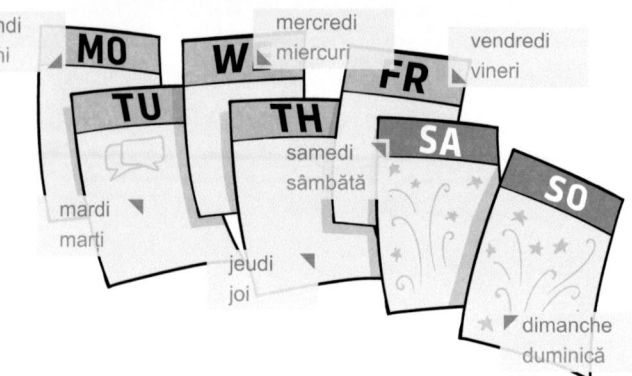

lundi
luni

mercredi
miercuri

vendredi
vineri

mardi
marți

samedi
sâmbătă

jeudi
joi

dimanche
duminică

hier

ieri

aujourd'hui

azi

demain

mâine

matin

dimineață

midi

amiază

soir

seară

MO	TU	WE	TH	FR	SA	SU
1	2	3	4	5	6	7
8	9	10	11	12	13	14
15	16	17	18	19	20	21
22	23	24	25	26	27	28
29	30	31	1	2	3	4

jours ouvrables

zile lucrătoare

MO	TU	WE	TH	FR	SA	SU
1	2	3	4	5	6	7
8	9	10	11	12	13	14
15	16	17	18	19	20	21
22	23	24	25	26	27	28
29	30	31	1	2	3	4

week-end

week-end

pluie
ploaie

arc-en-ciel
curcubeu

neige
zăpadă

vent
vânt

printemps
primăvară

automne
toamnă

été
vară

hiver
iarnă

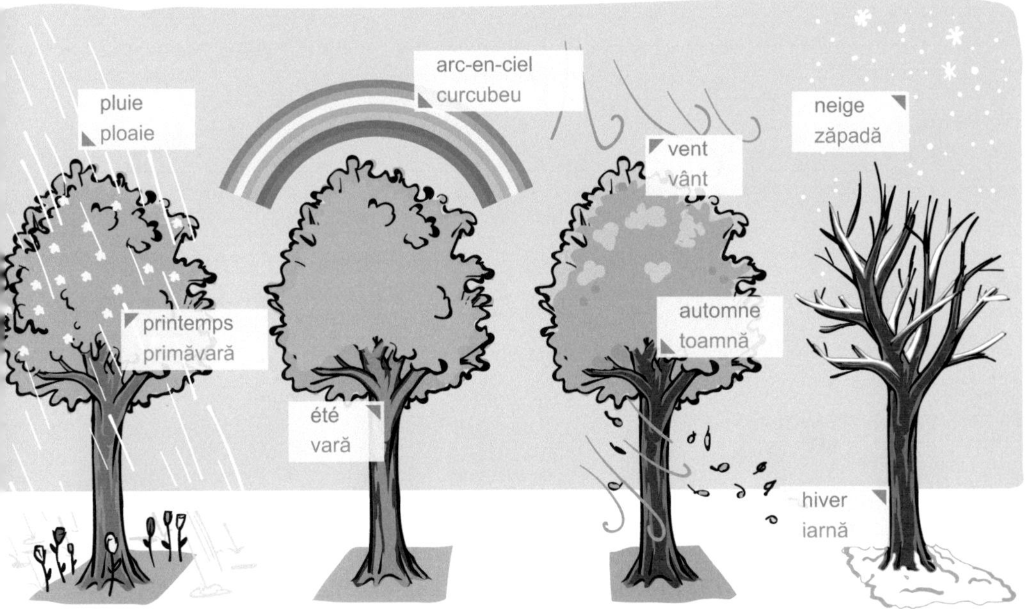

météo

prognoză meteo

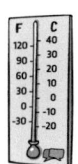

thermomètre

termometru

lumière du soleil

lumina soarelui

nuage

nor

brouillard

ceață

humidité

umiditate a aerului

foudre

fulger

tonnerre

tunet

tempête

furtună

grêle

grindină

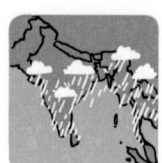

mousson

muson

inondation

inundație

glace

gheață

janvier

ianuarie

février

februarie

mars

martie

avril

aprilie

mai

mai

juin

iunie

juillet

iulie

août

august

année - an

septembre

septembrie

octobre

octombrie

novembre

noiembrie

décembre

decembrie

formes
forme

cercle

cerc

carré

pătrat

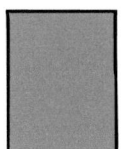

rectangle

dreptunghi

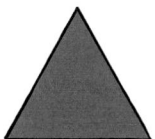

triangle

triunghi

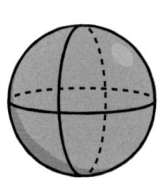

sphère

sferă

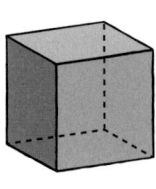

cube

cub

blanc
....
alb

jaune
....
galben

orange
....
portocaliu

rose
....
roz

rouge
....
roșu

violet
....
violet

bleu
....
albastru

vert
....
verde

marron
....
maro

gris
....
gri

noir
....
negru

beaucoup / peu

mult/puțin

fâché / calme

furios/calm

joli / laid

frumos/urât

début / fin

început/sfârșit

grand / petit

mare/mic

clair / obscure

luminos/întunecat

frère / soeur

frate/soră

propre / sale

curat/murdar

complet / incomplet

complet/incomplet

jour / nuit

zi/noapte

mort / vivant

mort/viu

large / étroit

lat/strâmt

comestible / incomestible

comestibil/necomestibil

méchant / gentil

rău/prietenos

excité / ennuyé

emoționat/plictisit

gros / mince

gras/slab

premier / dernier

primul/ultimul

ami / ennemi

prieten/inamic

plein / vide

plin/gol

dur / souple

tare/moale

lourd / léger

greu/ușor

faim / soif

foame/sete

malade / sain

bolnav/sănătos

illégal / légal

ilegal/legal

intelligent / stupide

inteligent/stupid

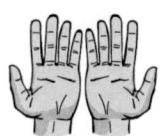

gauche / droite

stânga/dreapta

proche / loin

aproape/departe

oppositions - antonime

nouveau / usé

nou/uzat

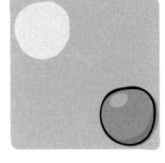

rien / quelque chose

nimic/ceva

vieux / jeune

bătrân/tânăr

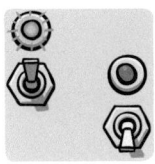

marche / arrêt

pornit/oprit

ouvert / fermé

deschis/închis

faible / fort

încet/tare

riche / pauvre

bogat/sărac

correct / incorrect

corect/fals

rugueux / lisse

aspru/neted

triste / heureux

trist/fericit

court / long

lung/scurt

lent / rapide

încet/repede

mouillé / sec

ud/uscat

chaud / froid

cald/rece

guerre / paix

război/pace

0

zéro

zero

1

un / une

unu

2

deux

doi

3

trois

trei

4

quatre

patru

5

cinq

cinci

6

six

șase

7

sept

șapte

8

huit

opt

9

neuf

nouă

10

dix

zece

11

onze

unsprezece

12

douze

douăsprezece

13

treize

treisprezece

14

quatorze

paisprezece

15

quinze

cincisprezece

16

seize

șaisprezece

17

dix-sept

șaptesprezece

18

dix-huit

optsprezece

19

dix-neuf

nouăsprezece

20

vingt

douăzeci

100

cent

o sută

1.000

mille

o mie

1.000.000

million

un milion

anglais

engleză

anglais américain

engleză americană

chinois mandarin

chineza mandarină

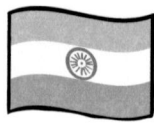

hindi

hindi

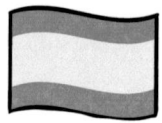

espagnol

spaniolă

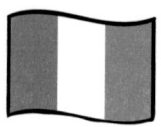

français

franceză

arabe

arabă

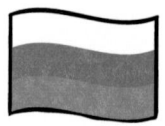

russe

rusă

portugais

protugheză

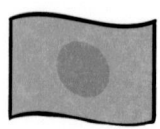

bengali

bengaleză

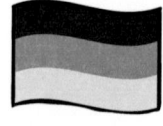

allemand

germană

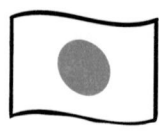

japonais

japoneză

je
eu

tu
tu

il / elle / ce, c', cela
el/ea

nous
noi

vous
voi

ils / elles
ea

Qui ?
cine?

Quoi ?
ce?

Comment ?
cum?

Où ?
unde?

Quand ?
când?

nom
nume

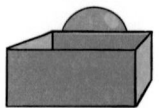

derrière

în spate

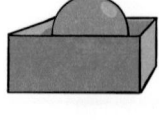

dans

în

devant

înainte

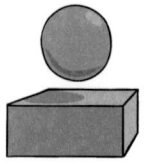

au-dessus

peste

sur

pe

en-dessous

sub

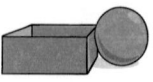

à côté de

lângă

entre

între

lieu

loc